John Colet

ST. PAUL'S SCHOOL
LIBRARY

Catastrophe
et autres dramaticules

SAMUEL BECKETT

Catastrophe
et autres dramaticules

Cette fois, Solo, Berceuse,
Impromptu d'Ohio, Quoi où.

LES ÉDITIONS DE MINUIT

Cette fois © 1978 - Berceuse - Catastrophe -
Impromptu d'Ohio - Solo © 1982 - Quoi où © 1983

7, rue Bernard-Palissy, 75006 Paris

ISBN 2-7073-1087-5

cette fois

traduit de l'anglais par l'auteur

Rideau. Scène dans l'obscurité. Montée de l'éclairage sur le visage du Souvenant à environ 3 mètres au-dessus du niveau de la scène et un peu décentré.

Vieux visage blême légèrement incliné en arrière, longs cheveux blancs dressés comme vus de haut étalés sur un oreiller.

Bribes d'une seule et même voix, la sienne, ABC lui arrivent des deux côtés et du haut respectivement. Elles s'enchaînent sans interruption sauf aux endroits indiqués. Voir Note.

Silence 7 secondes. Yeux ouverts. Respiration audible, lente et régulière.

A cette fois où tu es retourné cette dernière fois voir si elle était là toujours la ruine où enfant tu te cachais quand c'était (*les yeux se ferment, légère baisse de l'éclairage*) journée grise avec le 11 jusqu'au bout de la

9

ligne et de là à pied mais non plus de
trams alors finis belle lurette cette fois où
tu es retourné voir si elle était là toujours
la ruine où enfant tu te cachais cette dernière fois plus un tram à perte de vue rien
que les vieux rails quand c'était

C quand tu t'es mis à l'abri de la pluie toujours l'hiver alors toujours la pluie cette fois
au Musée des Portraits à l'abri du froid de
la pluie de la rue guetté le moment de te
faufiler et à travers les salles transi et ruisselant jusqu'au premier banc venu dalle de
marbre où t'affaler souffler sécher puis au
diable loin de là quand c'était

B sur la pierre ensemble au soleil sur la pierre
à l'orée du petit bois et à perte de vue les
blés blondissants vous jurant de temps en
temps amour à peine un murmure sans
jamais vous toucher ni rien de cette nature
toi un bout de la pierre elle l'autre longue
pierre basse genre meulière sans jamais vous
regarder simplement là ensemble sur la
pierre au soleil dos au petit bois fixant les
blés ou les yeux fermés et tout autour
tout immobile pas trace de vie pas âme
dehors qui vive pas un bruit

A grimpé tout droit du quai à la grand-rue la
  besace à la main droit devant toi ni à droite
  ni à gauche au diable les vieux lieux les
  vieux noms tout droit la grimpée du quai
  à la grand-rue et là plus un câble à voir rien
  que les vieux rails tout rouillés quand c'était
  est-ce que ta mère ah tais-toi tous liquidés
  belle lurette cette fois où tu es retourné cette
  dernière fois voir si elle était là toujours la
  ruine où enfant tu te cachais la ruine d'une
  folie la Folie comment qu'elle s'appelait
C est-ce que ta mère ah tais-toi tous liquidés
  belle lurette tous poussière toute la tribu
  toi le dernier affalé sur la dalle dans ton
  vieux manteau vert blotti dans tes bras à
  qui d'autre pour un peu de chaleur histoire
  de sécher et au diable loin de là t'affaler
  ailleurs pas âme alentour qui vive toi seul
  et de loin en loin un gardien somnambu-
  lant par là traînant ses semelles de feutre
  pas un bruit sauf de loin en loin la traînée
  de feutre s'enflant puis se mourant
B tout autour tout immobile seuls les épis les
  feuilles et vous aussi tout immobiles sur la
  pierre comme étourdis pas un bruit pas un
  mot sinon de temps en temps pour vous

jurer amour à peine un murmure seule
source de larmes avant qu'elles tarissent
pour de bon cette pensée chaque fois qu'elle
surgissait parmi les autres faisait surface
cette scène

A Fourier peut-être la Folie Fourier un bout
de tour encore debout tout le reste gravats
et orties où as-tu créché plus d'amis plus
de foyers peut-être cette taule sur la mer
où tu non là elle était avec toi encore avec
toi qu'une seule nuit en tout cas débarqué
un matin rembarqué le suivant voir si elle
était là toujours la ruine où jamais nul ne
venait où enfant tu te cachais guettais le
moment de te défiler et courais t'y cacher
à longueur de journée sur une pierre au
milieu des orties avec ton livre d'images

C et là au bout d'un moment ayant hissé la
tête rouvert les yeux une vaste huile noire
d'antiquité et de crasse quelqu'un célèbre
de son vivant homme ou femme voire enfant
célèbre jeune prince peut-être ou princesse
quelconque jeune prince ou princesse du
sang quelconque noir d'antiquité derrière
le verre où peu à peu devant tes yeux écar-
quillés à vouloir y voir clair peu à peu

un visage pas moins qui te fait pivoter sur
la dalle pour voir qui c'est là à tes côtés
B sur la pierre au soleil fixant les blés ou le
ciel ou les yeux fermés rien à voir à perte
de vue que blés blondissants et ciel d'azur
de temps en temps vous jurant amour à
peine un murmure des larmes assurées avant
qu'elles tarissent pour de bon soudain là
au milieu des pensées qui te trottaient des
scènes quelles qu'elles fussent peut-être au
fin fond de l'enfance ou le ventre maternel
pire que tout ou ce vieux Chinois bien
avant Jésus-Christ né avec de longs cheveux
blancs
C jamais le même après cela jamais tout à fait
le même mais là rien de nouveau ceci cela
monnaie courante les choses après quoi tu
ne pouvais jamais être le même te traînant
à longueur d'année jusqu'au cou dans ton
gâchis de toujours en te marmonnant à qui
d'autre tu ne seras jamais le même après
ceci tu n'as jamais été le même après cela
A ou te parlant tout seul à qui d'autre conver-
sations imaginaires l'enfance que voilà dix
onze ans sur une pierre au milieu des
orties géantes tout à tes inventions tantôt

une voix tantôt une autre jusqu'à en avoir
la gorge en feu et les grailler toutes pareil
bien avant dans la nuit quand ça te prenait
nuit noire ou clair de lune et les autres qui
battaient les chemins à ta recherche
B ou à la fenêtre dans le noir à écouter la
chouette la tête vide et peu à peu difficile à
croire de plus en plus difficile à croire que tu
aies jamais pu jurer amour à quelqu'un ou
jamais quelqu'un à toi jusqu'à n'y voir
qu'une de ces histoires que tu allais inventant pour contenir le vide qu'encore une de
ces vieilles fables pour pas que vienne le
vide t'ensevelir le suaire

*Silence 3 secondes. Les yeux s'ouvrent.
Légère montée de l'éclairage. Respiration
audible. 7 secondes.*

C jamais le même mais le même que qui bon
Dieu t'es-tu jamais dit je de ta vie allons
(*les yeux se ferment, légère baisse de l'éclairage*) as-tu jamais pu te dire je de ta vie
tournant voilà un mot que tu avais toujours à la bouche avant qu'elle tarisse pour
de bon toute ta vie dans les tournants l'un

14

après l'autre alors que jamais qu'un seul premier et dernier cette fois petit vermisseau blotti dans la vase où ils t'ont tiré de là et débarbouillé et détortillé jamais d'autre tournant depuis celui-là droit devant toi à partir de là ou est-ce que c'était ça une autre fois tout ça une autre fois

B te marmonnant tes fables cette fois ensemble sur la pierre au soleil ou cette fois ensemble sur le halage ou cette fois ensemble dans les dunes cette fois cette fois et à partir de là du mieux que tu pouvais toujours ensemble quelque part au soleil sur le halage face à l'aval au soleil couchant et les débris qui arrivaient par derrière pour s'en aller au fil de l'eau toujours plus loin ou pris dans les roseaux le rat crevé ou similaire vous arrivant dessus par derrière pour s'en aller lentement au fil de l'eau hors de votre vue

A cette fois où tu es retourné voir si elle était là toujours la ruine où enfant tu te cachais cette dernière fois tout droit la grimpée du quai à la grand-rue attraper le 11 ni à droite ni à gauche qu'une seule idée en tête au diable les vieux lieux les

vieux noms tête baissée droit devant toi
jusqu'en haut pour rester planté là la besace
à la main le temps de te rendre à l'évidence

C quand tu t'es mis à ne plus te connaître
ni d'Eve ni d'Adam à essayer voir ce que
ça donnerait pour changer ne plus te
connaître ni d'Eve ni d'Adam aucune idée
qui disait ce que tu disais à qui le crâne
où tu moisissais de qui les misères qui
t'avaient rendu tel ou est-ce que c'était ça
une autre fois cette fois seul avec les portraits des morts noirs de crasse et d'antiquité et les dates sur les cadres pour pas
qu'on se trompe de siècle ne pouvant croire
que c'était toi jusqu'à ce qu'on te flanque
dehors sous la pluie à l'heure réglemen-
taire

B jamais un regard pour son visage ou autre
partie jamais un geste vers elle ni d'elle
vers toi toujours parallèles comme aux deux
bouts d'un essieu jamais l'un vers l'autre
rien que deux taches floues aux limites du
champ sans jamais vous toucher ni rien de
cette nature toujours de l'espace entre vous
ne serait-ce qu'un centimètre point d'attou-

chements manière chair et sang guère mieux
que deux ombres guère plus mal n'eussent
été les serments

A plus de tram pour y aller alors quoi faire
pas question de demander plus un seul mot
aux vivants tant que tu vivrais à pied donc
à la fin plié en deux jusqu'à la gare y aller
par le train et là tout bouclé et barricadé
le terminus néo-dorique du réseau sud-est
et la colonnade tombant en ruine alors quoi
faire

C la pluie et l'éternelle vadrouille cherchant
à l'inventer ainsi à t'inventer ainsi au fur et
à mesure à essayer voir ce que ça donnerait pour changer ne pas avoir été ce que
ça pourrait bien donner n'avoir jamais été
l'éternelle vadrouille tout au truquage de
l'être en chose titubant marmonnant aux
quatre coins de la paroisse jusqu'à ce que
la bouche tarisse et que la tête tarisse et
que les jambes tarissent à qui qu'elles fussent ou que la chose renonce quelle qu'elle
fût

B immobiles comme marbre toujours immobiles comme cette fois sur la pierre où cette
fois dans les dunes étendus parallèles sur le

17

sable fixant l'azur ou les yeux fermés azur
noir azur noir immobiles comme marbre côte
à côte la scène fait surface et vous y revoilà
où que ce fût

A alors plus qu'à renoncer y renoncer affalé
sur une marche sous le pâle soleil du matin
non jamais de soleil sur ces marches-là ailleurs donc aller t'affaler ailleurs sous le pâle
soleil un pas de porte disons un pas de porte
à quelqu'un attendre que la nuit vienne et
l'heure de rembarquer au diable loin de là
pas besoin de crécher nulle part au diable
les vieux lieux les vieux noms les passants
se figeant bouche bée à ta vue puis passant
outre passant leur chemin de l'autre côté

B immobiles comme marbre côte à côte avant
de sombrer et disparaître sans avoir plus
bougé que les deux boules d'un haltère à
part les paupières et de temps en temps
les lèvres pour jurer amour et tout autour
aussi tout immobile toutes parts où que ce
fût rien qui bouge aucun bruit seules les
feuilles à peine dans le petit bois derrière
ou les épis ou les joncs ou les roseaux selon
d'homme nulle trace de bête non plus à
perte de vue à perte d'ouïe

18

C toujours l'hiver alors toujours la pluie toujours à guetter le moment de te faufiler à
l'abri de la rue du froid de la pluie dans
ton vieux manteau vert héritage de ton père
rien que des entrées libres telle la bibliothèque municipale en voilà une autre vive
la culture gratuite providence des sans-abri
ou le bureau de poste en voilà un autre
un autre lieu une autre fois

A affalé sur le pas de la porte dans ton vieux
manteau vert sous le pâle soleil la besace
inutile sur les genoux ne sachant plus où tu
étais peu à peu ne sachant plus où tu étais
ni quand ni pourquoi seul au monde pour
autant que tu saches comme cette fois sur
la pierre l'enfant sur la pierre où jamais nul
ne venait

*Silence 3 secondes. Les yeux s'ouvrent.
Légère montée de l'éclairage. Respiration
audible. 7 secondes.*

B ou seul dans les mêmes scènes l'inventant
ainsi histoire de tenir contenir le vide sur
la pierre (*les yeux se ferment, légère baisse
de l'éclairage*) seul au bout de la pierre avec

19

les blés l'azur ou le halage seul sur le
halage avec les mules fantômes et le rat
noyé ou l'oiseau qui sait bestiole quelconque au fil de l'eau s'en allant dans les feux
du couchant lentement hors de ta vue rien
qui bouge sinon l'eau et le soleil se mourant jusqu'à ce qu'il meure disparaisse et
toi avec tout avec

A jamais nul ne venait sinon l'enfant sur
la pierre au milieu des orties géantes dans
le demi-jour se coulant par une brèche dans
le mur abîmé dans son livre bien avant
dans la nuit quand ça lui prenait nuit noire
ou clair de lune et les autres qui battaient
les chemins à sa recherche ou devisant tout
seul se divisant en plusieurs pour se tenir
compagnie là où jamais nul ne venait

C toujours l'hiver alors hiver sans fin à longueur d'année comme si elle ne pouvait pas
finir l'année finissante le temps pas aller
plus loin cette fois au bureau de poste tout
ébullition fin d'année ayant guetté le
moment de t'y faufiler à l'abri de la rue
du froid de la pluie poussé la porte comme
n'importe qui et tout droit ni à droite ni
à gauche à la table avec toutes les formules

et les stylos captifs t'affaler sur le premier
siège venu et là un coup d'œil à la ronde
pour changer avant de t'assoupir

B ou cette fois seul sur le dos dans les dunes
sans serments pour troubler la paix quand
c'était ça avant ou après avant qu'elle soit
là après son départ ou les deux avant qu'elle
soit là après qu'elle fut partie et toi de
retour dans la même scène où qu'elle fût
la même vieille scène avant qu'alors alors
qu'après avec le rat ou les blés les épis
blondissants ou cette fois dans les dunes
avec le planeur qui passait cette fois où tu
es retourné peu après bien après

A onze douze ans dans la ruine sur la pierre
plate au milieu des orties nuit noire ou clair
de lune marmonnant devant toi tantôt une
voix tantôt une autre l'enfance que voilà
et là sur la marche sous le pâle soleil t'y
revoilà encore au diable les passants se
figeant bouche bée à la vue du scandale
affalé au soleil sans autorisation s'agrippant
à la besace bavassant devant toi haute voix
yeux fermés cheveux blancs ruisselant hors
du chapeau et ainsi demeurais sous ce pâle
soleil-là oubliant tout

C crainte d'éjection peut-être n'ayant visible-
ment rien à foutre dans ce lieu sans parler
de ton aspect repoussant d'où ce coup d'œil
à la ronde pour une fois sur tes dégueu-
lasses semblables en remerciant le bon dieu
pour une fois tout infect que tu étais de
ne pas être comme eux puis te rendant peu
à peu à l'évidence qu'en tant que repoussoir
tu aurais tout aussi bien pu ne pas être là sous
tous ces yeux qui te glissaient dessus ou te
passaient à travers comme à travers une
fumée ou est-ce que c'était ça une autre fois
un autre lieu une autre fois

B le planeur qui passait jamais de changement mêmes cieux toujours jamais rien de
changé sinon elle là ou non avec toi à ta
main droite toujours main droite à la limite
du champ et de temps en temps dans la
grande paix si bas à peine un murmure
comme quoi elle t'aimait difficile à croire
que toi même toi aies jamais pu divaguer
à ce point-là jusqu'à cette dernière fois
enfin

A inventant toute l'histoire au fur et à mesure
affalé sur le pas de la porte t'inventant toi
te réinventant pour la millionième fois

22

oubliant tout le lieu où tu étais et pourquoi
la Folie Fourier et le reste la ruine de l'enfant que tu étais retourné voir si elle était là
toujours pour t'y cacher encore le temps
qu'il fasse nuit et que vienne l'heure du
départ que cette heure vienne

C la bibliothèque en voilà une autre un autre
lieu une autre fois cette fois où tu as guetté
le moment de t'y faufiler à l'abri de la rue du
froid de la pluie quelque chose là après quoi
tu n'as jamais pu être le même jamais pu
être tout court quelque chose à voir avec la
poussière quelque chose que la poussière
t'a dit assis à la grande table ronde avec une
tapée de croulants courbés sur la page et
pas un bruit

B cette dernière fois où tu as essayé et n'a pas
pu à la fenêtre dans le noir et la chouette
envolée huer après quelqu'un d'autre ou
regagner son arbre creux avec une musa-
raigne et plus un bruit heure après heure
heure après heure plus un seul bruit où tu
as essayé tant et plus et n'as pas pu plus
moyen plus de mots pour contenir le vide
alors plus qu'à renoncer y renoncer là à la
fenêtre dans le noir nuit noire ou clair de

lune y renoncer pour de bon et le laisser
venir et pas plus mal qu'avant vaste suaire
venu t'ensevelir et pas plus mal qu'avant ou
guère pas plus ou guère

A redescendre au quai la besace à la main ton
vieux manteau vert héritage de ton père
raclant le sol les cheveux blancs ruisselant
hors du chapeau le temps que cette heure
vienne tout droit la descente ni à droite ni
à gauche au diable les vieux lieux les vieux
noms qu'une seule idée en tête remonter au
bord au diable loin de là et ne jamais revenir
ou est-ce que c'était ça une autre fois tout ça
une autre fois y a-t-il jamais eu une autre fois
que cette fois au diable loin de tout et ne
jamais revenir

C pas un bruit sinon les vieux souffles et les
pages tournées lorsque soudain cette poussière le lieu tout entier plein de poussière
en rouvrant les yeux du plancher au plafond
rien que poussière et pas un bruit sinon
qu'est-ce qu'elle t'a dit venu parti est-ce que
c'était ça quelque chose comme ça venu
parti venu parti personne venu personne
parti à peine venu parti à peine venu parti

Silence 3 secondes. Les yeux s'ouvrent. Légère montée de l'éclairage. Respiration audible. Sourire, édenté de préférence. 7 secondes. L'éclairage s'éteint lentement. Rideau.

NOTE

ABC se relaient sans solution de continuité à part les deux interruptions de 10 secondes. Il faut néanmoins que le passage d'une voix à l'autre, sans être accusé, soit perceptible. Effet à assister mécaniquement, au niveau de l'enregistrement, au cas où n'y suffirait pas la diversité de provenance et de contexte.

solo

adapté de l'anglais par l'auteur

Faible lumière diffuse.

*Le récitant à l'avant-scène, décentré à gau-
che par rapport à la salle.*

*Cheveux blancs en désordre, longue chemise
de nuit blanche, chaussettes blanches épaisses.*

*A sa gauche à deux mètres, même niveau,
même taille, un lampadaire à pétrole. Globe
blanc, grandeur crâne, faiblement éclairé.*

*Tout à fait à droite, même niveau, l'extré-
mité blanche d'un grabat.*

Un temps long avant le début de la parole.

*Peu avant la fin de la parole, la lampe com-
mence à baisser.*

29

Lampe éteinte. Silence. Récitant, globe, extrémité du grabat, à peine visibles dans la lumière diffuse.

Un temps long.

Noir.

RÉCITANT

Sa naissance fut sa perte. Rictus de macchabée depuis. Au moïse et au berceau. Au sein premier fiasco. Lors des premiers faux pas. De maman à nounou et retour. Ces voyages. Charybde Scylla déjà. Ainsi de suite. Rictus à jamais. De funérailles en funérailles. Jusqu'à maintenant. Cette nuit. Deux billions et demi de secondes. Peine à croire si peu. Funérailles de — il allait dire d'êtres chers. Trente mille nuits. Peine à croire si peu. Né au plus noir de la nuit. Soleil depuis longtemps couché derrière les mélèzes. Leurs jeunes aiguilles verdissantes. Dans la chambre le noir qui gagne. Jusqu'à la lueur du lampadaire. Mèche baissée. Et maintenant. Cette nuit. Levé à la nuit. Chaque nuit. Faible lumière dans la chambre. D'où mystère. Nulle de la fenêtre. Non. Presque nulle. Ça n'existe pas nulle. Va à tâtons à la fenêtre et fixe le dehors. Noire vastitude où rien ne bouge. Recule enfin à tâtons jusqu'à l'invisible lampe. Poignée d'allumettes dans sa poche droite. En frotte une sur sa fesse comme son père le lui avait appris. Enlève le globe blanchâtre et le dépose. L'allumette s'éteint. En frotte une deuxième de même. Enlève le verre enfumé et le garde dans la main gauche. L'allumette s'éteint. En frotte une troisième de même et la met à la mèche. Remet le verre. L'allumette s'éteint. Remet le globe. Baisse la mèche. S'écarte jusqu'à l'orée de la lumière et se tourne face au mur. Ainsi chaque nuit. Debout. Fenêtre. Lampe. S'écarte jusqu'à l'orée de la lumière et se tourne face au mur nu. Couvert d'images jadis. Images de — il allait dire d'êtres chers. Sans cadre. Sans verre. Fixées au mur par des punaises. Formats et dimensions divers. Décrochées l'une après l'autre. En allées. Déchirées menu et jetées. Eparpillées aux quatre coins. Une à une. Arrachées au mur une à une et déchirées menu. Tout au long des années. Années de nuits. Plus rien au mur que punaises. Pas toutes. D'aucunes arrachées avec. D'autres fixant un lambeau toujours. Debout donc face au mur. Mourant de l'avant. Ni plus

31

ni moins. Non. Moins, Moins à mourir. Toujours moins. Tel le jour le soir venu. Debout donc face au mur. Surface blanche dans l'ombre. Blanche jadis. Grêlée de piqûres d'épingle. Jadis à chaque vide un visage. Là son père. Ce vide grisâtre. Là sa mère. Là tous les deux. Souriants. Jour des noces. Là tous les trois. Cette tache grisâtre. Là tout seul. Lui tout seul. Plus maintenant. Oubliés. En allés. Arrachés et déchirés menu. Expédiés sous le lit à coups de balai et abandonnés. Mille menus morceaux sous le lit avec la poussière et les araignées. Tous les — il allait dire êtres chers. Debout donc face au mur il fixe l'au-delà. Rien là non plus. Rien là qui bouge non plus. Rien qui bouge nulle part. Rien à voir nulle part. Rien à entendre nulle part. Chambre pleine de sons jadis. De menus sons. D'où mystère. De plus en plus menus au fil des ans. Au fil des nuits. Plus nul. Non. Ça n'existe pas nul. Encore la pluie certaines nuits de fouet contre la vitre. Ou en chute douce sur l'ici-bas. Lampe qui fume malgré la mèche baissée. Mystère. D'où tache au plafond bas. Sombre salissure sur la surface blanche. Blanche jadis. Debout donc face au mur à la suite des motions

32

SOLO

susdites. A savoir levé à la nuit et à tâtons
jusqu'à la fenêtre. Faible lumière dans la chambre. Indiciblement faible. D'où mystère.
Immobile il fixe le dehors. Noire vastitude. Où
rien. Rien qui bouge. Qu'il puisse voir. Entendre. Reste là comme ne pouvant plus bouger.
Ne voulant plus bouger. Ne pouvant plus vouloir bouger. Se retourne enfin et à tâtons jusqu'à l'invisible lampe. Première allumette
comme susdit pour le globe. Deuxième pour le
verre. Troisième pour la mèche. Globe et verre
remis. Mèche baissée. S'écarte jusqu'à l'orée de
la lumière et se tourne face au mur. Immobile
comme la lampe à ses côtés. Chemise et chaussettes blanches pour accrocher la faible lumière.
Blanches jadis. Cheveux blancs pour accrocher la faible lumière. Extrémité du grabat à
peine visible au bord du cadre. Blanche jadis
pour accrocher la faible lumière. Immobile il
fixe l'au-delà. Rien. Vide noir. Enfin lentement une forme fantôme. Surgie du noir. Une
fenêtre. Face au couchant. Soleil depuis longtemps couché derrière les mélèzes. Lumière qui
se meurt. Bientôt nulle. Non. Ça n'existe pas
nulle lumière. Va se mourant jusqu'à l'aube et
ne meurt jamais. Là dans le noir cette fenêtre.

Nuit qui tombe. L'œil collé à la vitre dévore cette première nuit. S'en détourne enfin face à la chambre obscure. Là lentement une main fantôme. Tenant droit un tortillon de papier enflammé. A sa lumière à peine la main et un globe blanchâtre. Puis une autre. A la lumière de la flamme. Elle enlève le globe et s'en va. Revient vide. Enlève le verre. Les deux mains et le verre à la lumière de la flamme. La flamme à la mèche. Le verre remis. La main à la flamme s'en va. Puis l'autre. Pâle verre seul dans la pénombre. L'autre revient avec le globe. Le remet. Pâle globe seul dans la pénombre. Lueur cuivrée d'un barreau de lit. Fondu. Debout à l'orée de la lumière il fixe l'au-delà. Noir à nouveau entier. Plus de fenêtre. Plus de mains. Plus de lampe. En allées. Lentement le noir se déchire. Lumière grise. Trombe d'eau. Parapluies autour d'une fosse. Vus d'en haut. Bulbes noirs ruisselants. Fosse noire en bas. Pluie bouillonnant dans la boue noire. Vide pour l'heure. Ce trou dans l'ici-bas. Quel — il allait dire être cher. Trente secondes. A ajouter aux quelque deux billions et demi. Fondu. Noir à nouveau entier. Non. Ça n'existe pas entier. Donc là à fixer l'au-delà. Sourd à la

moitié des mots qu'il dit. Des mots lui tombant
de la bouche. Tant bien que mal. Le noir se
déchire. Lentement la fenêtre. La première
nuit. La chambre. La flamme. Les mains. La
lampe. La lueur. Fondu. En allées. Le noir se
déchire. Lumière grise. Trombe d'eau. Parapluies. Fosse. Boue noire bouillonnante. Cercueil hors cadre. De qui ? Fondu. En allés.
Passer à autre chose. Essayer d'y passer.
Comme à combien du mur. La tête y touche
presque. Comme à la fenêtre. L'œil collé à la
vitre fixe le dehors. Noire vastitude. Rien qui
bouge. Immobile il la fixe comme ne pouvant
plus bouger. Ou en allée la volonté de bouger.
En allée. Où est-il ? A la fenêtre à fixer le
dehors. L'œil collé à la vitre. Comme pour voir
une dernière fois. Se retourne enfin et à tâtons
à travers l'inexplicable pénombre jusqu'à l'invisible lampe. Chemise blanche en dérive à travers les ténèbres. Blanche jadis. Allume et
s'écarte face au mur. Tête y touchant presque.
A travers le noir déchiré il fixe l'autre noir.
L'autre noir au-delà. Soleil depuis longtemps
couché derrière les mélèzes. Rien qui bouge.
Qui bouge à peine. Immobile l'œil collé à la
vitre. Comme pour voir une dernière fois. Une

dernière fois cette première nuit. Des quelque trente mille. Où être bientôt. Où être cette nuit. Flamme. Mains. Lampe. Pâle globe seul dans la pénombre. Lueur cuivrée. Trente secondes. A grossir les quelque deux billions et demi. Fondu. En allés. Noir à nouveau entier. Jusqu'au cercueil de qui ? De quel — il allait dire être cher. Trou noir sous la trombe d'eau. Vu d'en haut. Bulbes ruisselants. Boue noire bouillonnante. Cercueil en route. Etre cher — il allait dire être cher en route. Trente secondes. Fondu. En allés. Noir à nouveau entier. Tête touchant presque au mur. Cheveux blancs accrochant la lumière. Chemise et chaussettes blanches. Blanches jadis. Extrémité blanche du grabat au bord du cadre. Blanche jadis. La moindre... défaillance et le front s'appuie au mur. Mais non. Immobile tête haute il fixe l'au-delà. Rien qui bouge. Bouge à peine. Trente mille nuits de fantômes au-delà. Au-delà du noir au-delà. Lumières fantômes. Nuits fantômes. Funérailles fantômes. Etres chers — il allait dire êtres chers fantômes. Là donc à fixer le vide noir. Aux lèvres tremblantes des mots à peine perçus. Traitant d'autres questions. Essayant de traiter d'autres questions.

36

Jusqu'à comme quoi à peine il n'est pas d'autres questions. Ne fut jamais d'autres questions. Jamais qu'une seule question. Les morts et en allés. La vie qu'ils y mirent. Dès le mot va. Le mot va-t'en. Telle la lumière maintenant. En voie de s'en aller. Dans la chambre. Où d'autre ? Sans que s'en aperçoive l'œil tout à l'au-delà. Seule celle du globe. Pas l'autre. L'inexplicable. De nulle part. De toutes parts de nulle part. Seule celle du globe. Seule elle en allée.

berceuse

traduit de l'anglais par l'auteur

F — Femme dans une berceuse.

V — Sa voix enregistrée.

*Montée de l'éclairage sur F, avant-scène de
face, légèrement décentrée. Berceuse immobile.*

Un temps long.

F Encore.

Un temps. Voix et balancement ensemble.

V jusqu'au jour enfin
   fin d'une longue journée
   où elle dit
   se dit
   à qui d'autre

temps qu'elle finisse
temps qu'elle finisse
finisse d'errer
de-ci de-là
tout yeux
toutes parts
en haut en bas
à l'affût d'un autre
d'un autre comme elle
d'un autre être comme elle
un peu comme elle
errant comme elle
de-ci de-là
tout yeux
toutes parts
en haut en bas
à l'affût d'un autre
jusqu'au jour enfin
fin d'une longue journée
où elle se dit
à qui d'autre
temps qu'elle finisse
temps qu'elle finisse
finisse d'errer
de-ci de-là
tout yeux

toutes parts
en haut en bas
à l'affût d'un autre
d'une autre âme vivante
d'une seule autre âme vivante
errant comme elle
de-ci de-là
tout yeux comme elle
toutes parts
en haut en bas
à l'affût d'un autre
d'un autre comme elle
un peu comme elle
errant comme elle
de-ci de-là
jusqu'au jour enfin
fin d'une longue journée
où elle se dit
à qui d'autre
temps qu'elle finisse
finisse d'errer
de-ci de-là
temps qu'elle finisse
temps qu'elle finisse

Ensemble : écho de « temps qu'elle finis-
se », fin du balancement, légère baisse de
l'éclairage.

Un temps long.

F Encore.

Un temps. Voix et balancement ensemble.

V si bien qu'enfin
fin d'une longue journée
elle rentra
enfin rentra
se disant
à qui d'autre
temps qu'elle finisse
temps qu'elle finisse
finisse d'errer
de-ci de-là
temps qu'elle rentre
s'asseoir à sa fenêtre
tranquille à sa fenêtre
face à d'autres fenêtres
si bien qu'enfin
fin d'une longue journée

44

BERCEUSE

elle rentra enfin
s'asseoir à sa fenêtre
leva le store et s'assit
tranquille à sa fenêtre
unique fenêtre
face à d'autres fenêtres
d'autres uniques fenêtres
tout yeux
toutes parts
en haut en bas
à l'affût d'un autre
d'un autre à sa fenêtre
d'un autre comme elle
un peu comme elle
d'une autre âme vivante
d'une seule autre âme vivante
rentrée comme elle
rentrée enfin comme elle
fin d'une longue journée
se disant
à qui d'autre
temps qu'elle finisse
temps qu'elle finisse
finisse d'errer
de-ci de-là
temps qu'elle rentre

s'asseoir à sa fenêtre
tranquille à sa fenêtre
unique fenêtre
face à d'autres fenêtres
d'autres uniques fenêtres
tout yeux
toutes parts
en haut en bas
à l'affût d'un autre
d'un autre comme elle
un peu comme elle
d'une autre âme vivante
d'une seule autre âme vivante

*Ensemble : écho de « âme vivante »,
fin du balancement, légère baisse de
l'éclairage.*

Un temps long.

F   Encore.

Un temps. Voix et balancement ensemble.

V   jusqu'au jour enfin
    fin d'une longue journée

assise à sa fenêtre
tranquille à sa fenêtre
unique fenêtre
face à d'autres fenêtres
d'autres uniques fenêtres
toutes stores baissés
jamais un seul levé
seul le sien levé
jusqu'au jour enfin
fin d'une longue journée
assise à sa fenêtre
tranquille à sa fenêtre
tout yeux
toutes parts
en haut en bas
à l'affût d'un autre
d'un autre store levé
d'un seul autre store levé
rien d'autre
pas question d'un visage
derrière la vitre
d'yeux
affamés comme les siens
de voir
d'être vus
non

47

un store levé
comme le sien
un peu comme le sien
qu'un seul
et là un autre être
là quelque part
derrière la vitre
une autre âme vivante
une seule autre âme vivante
jusqu'au jour enfin
fin d'une longue journée
où elle dit
se dit
à qui d'autre
temps qu'elle finisse
temps qu'elle finisse
assise à sa fenêtre
unique fenêtre
face à d'autres fenêtres
d'autres uniques fenêtres
tout yeux
toutes parts
en haut en bas
temps qu'elle finisse
temps qu'elle finisse

Ensemble : écho de « temps qu'elle
finisse », fin du balancement, légère baisse
de l'éclairage.

Un temps long.

F Encore.

Un temps. Voix et balancement ensemble.

V si bien qu'enfin
  fin d'une longue journée
  elle descendit
  enfin descendit
  l'escalier raide
  baissa le store et descendit
  tout en bas
  s'asseoir dans la vieille berceuse
  celle de sa mère
  celle où sa mère assise
  à longueur d'année
  tout de noir vêtue
  de son plus beau noir vêtue
  allait se berçant
  se berçant
  jusqu'à sa fin

sa fin enfin
demeurée qu'on disait
un peu demeurée
mais inoffensive
demeurée inoffensive
morte un jour
non
une nuit
morte une nuit
fin d'une longue journée
dans sa berceuse
de son plus beau noir vêtue
tête affalée
dans sa berceuse la berçant
la berçant toujours
si bien qu'enfin
fin d'une longue journée
elle descendit
descendit enfin
l'escalier raide
baissa le store et descendit
tout en bas
s'asseoir dans la vieille berceuse
des bras enfin
et se berça
se berça

BERCEUSE

les yeux fermés
se fermant
elle si longtemps
tout yeux
yeux affamés
toutes parts
en haut en bas
de-ci de-là
à sa fenêtre
histoire de voir
d'être vue
jusqu'au jour enfin
fin d'une longue journée
où elle se dit
à qui d'autre
temps qu'elle finisse
baisse le store et finisse
temps qu'elle descende
l'escalier raide
tout en bas
soit elle l'autre
l'autre âme vivante
à elle seule
si bien qu'enfin
fin d'une longue journée
elle descendit

l'escalier raide
baissa le store et descendit
tout en bas
s'asseoir dans la vieille berceuse
et se berça
se berça
se disant
non
plus jamais ça
à la berceuse
des bras enfin
à elle disant
berce-la d'ici
aux gogues la vie
berce-la d'ici
berce-la d'ici

*Ensemble : écho de « berce-la d'ici »,
fin du balancement, extinction de l'éclairage.*

NOTES

Eclairage

Amorti, uniquement sur la berceuse.

Spot de même sur le visage. Constant. Indé-pendant des baisses successives. Soit assez large pour comprendre les limites du faible balancement, soit concentré sur le visage au repos ou au centre du va-et-vient.

Début : monter d'abord le spot sur le visage. Un temps long. Puis monter l'éclai-rage berceuse.

Fin : éteindre d'abord l'éclairage berceuse. Un temps long avec spot sur le visage. La tête s'affaisse, s'immobilise. Eteindre le spot.

F

Vieillie avant l'heure. Cheveux gris en désor-dre. Grands yeux. Visage blanc sans expres-sion. Mains blanches serrant les bouts des accoudoirs.

Yeux

Tantôt fermés, tantôt grands ouverts. Pas de cillement. Moitié-moitié section 1. De plus en plus fermés sections 2 et 3. Fermés définitivement au milieu de section 4.

Costume

Robe du soir noire montante. Manches longues. Dentelles. Paillettes que le balancement fait scintiller. Bibi incongru, posé de guingois, garni de frivolités aptes à accrocher la lumière lors du balancement.

Attitude

Figée jusqu'au lent affaissement de la tête à la seule lumière du spot.

Balancement

Faible. Lent. Réglé mécaniquement sans l'aide de F.

Berceuse

Bois clair très poli de façon à miroiter lors du balancement. Appuie-pieds. Dossier droit. Accoudoirs arrondis recourbés comme pour étreindre.

BERCEUSE

Voix

Blanche, sourde, monotone.
Pour la réplique en italique F se joint à V.
Chaque fois un peu plus bas.

Le « Encore » de F chaque fois un peu plus
bas.

Vers la fin de 4, mettons à partir de « plus
de ça », V progressivement plus bas.

impromptu d'ohio

traduit de l'anglais par l'auteur

E — *Entendeur*

L — *Lecteur*

Aussi ressemblants que possible.

Seule éclairée, au centre de la scène, une table ordinaire en bois blanc, deux mètres sur un mètre environ.

Deux chaises assorties en bois blanc, sans accoudoirs.

E assis de face vers le bout du côté long, à droite (rapport à la salle). Tête penchée appuyée sur la main droite. Main gauche sur la table. Long manteau noir. Longs cheveux blancs.

L assis de profil au milieu du côté court, à droite. Tête penchée appuyée sur la main droite. Main gauche sur la table. Devant lui sur la table un livre ouvert aux dernières pages. Long manteau noir. Longs cheveux blancs.

Au centre de la table un grand feutre noir aux larges bords.

Monter lentement l'éclairage.

Dix secondes.

L tourne la page.

Un temps.

L *(lisant).* Il reste peu à dire. Dans une ultime —

E frappe sur la table de la main gauche (toc).

Il reste peu à dire.

Un temps. Toc.

Dans une ultime tentative de moins souffrir il quitta l'endroit où ils avaient été si longtemps ensemble et s'installa dans une pièce unique sur l'autre rive. De l'unique fenêtre il avait vue sur l'extrémité en aval de l'Ile des Cygnes.

Un temps.

Pour moins souffrir il avait misé sur l'étrangeté. Pièce étrange. Scène étrange. Sortir là où jamais rien partagé. Rentrer là où jamais rien partagé. C'est là-dessus, pour un peu moins souffrir, qu'il avait un peu misé.

Un temps.

Jour après jour on le voyait arpenter à pas lents l'îlet. Heure après heure. Revêtu par tous les temps de son long manteau noir et coiffé d'un grand chapeau de rapin du temps jadis. A la pointe il s'attardait toujours pour contempler l'eau qui s'éloignait. Comme en de joyeux remous les deux bras confluaient et refluaient unis. Puis à pas lents s'en retournait.

61

Un temps.

Dans ses rêves —

Toc.

Puis à pas lents s'en retournait.

Un temps. Toc.

Dans ses rêves on l'avait mis en garde
contre ce changement. Il avait vu le cher
visage et entendu les mots muets, reste
là où nous fûmes si longtemps seuls ensemble, mon ombre te consolera.

Un temps.

Ne pouvait-il —

Toc.

Vu le cher visage et entendu les mots muets,
Reste là où nous fûmes si longtemps seuls
ensemble, mon ombre te consolera.

Un temps. Toc.

Ne pouvait-il maintenant retourner en arrière ? Reconnaître son erreur et retourner là où ils furent jadis si longtemps seuls ensemble. Seuls ensemble tant partagèrent. Non. Ce qu'il avait fait tout seul ne pouvait être défait. Rien de ce qu'il avait jamais fait tout seul n'avait jamais pu être défait. Par lui tout seul.

Un temps.

Dans cette extrémité sa vieille terreur de la nuit le ressaisit. Si longtemps après que comme si jamais été. *(Un temps. Il regarde de plus près.)* Oui, si longtemps après que comme si jamais été. Redoublés maintenant les terrifiants symptômes décrits tout au long à la page quarante, paragraphe quatre. *(Il veut chercher l'endroit. De la main gauche E l'arrête. Il reprend la page abandonnée.)* Nuits blanches son lot dorénavant. Comme lorsque son cœur était jeune. Plus dormir plus oser dormir avant que le — *(il tourne la page)* — jour se lève.

Un temps.

Il reste peu à dire. Une nuit —

Toc.

Il reste peu à dire.

Un temps. Toc.

Une nuit devant lui, assis tout tremblant la tête dans les mains, un homme parut et dit, On me dépêche — et de nommer le cher nom — aux fins de te consoler. Puis de la poche de son long manteau noir il tira un vieux volume et lut jusqu'au lever du jour. Puis disparut sans un mot.

Un temps.

Plus tard il reparut à la même heure avec le même volume et cette fois sans préambule s'assit et le relut jusqu'à la fin la longue nuit durant. Puis disparut sans un mot.

Un temps.

Ainsi de temps en temps à l'improviste il reparaissait pour relire jusqu'à la fin la triste histoire et endormir la longue nuit. Puis disparaissait sans un mot.

Un temps.

Sans jamais échanger un mot ils devinrent comme un seul.

Un temps.

Vint la nuit enfin où ayant refermé le livre aux premières lueurs il ne disparut point mais resta assis sans un mot.

Un temps.

Finalement il dit, On m'a prévenu — et de nommer le cher nom — que je ne reviendrai plus. J'ai vu le cher visage et entendu les mots muets, Plus besoin de retourner chez lui, même si tu en avais le pouvoir.

Un temps.

Ainsi la triste —

Toc.

Vu le cher visage et entendu les mots muets,
Plus besoin de retourner chez lui, même
si tu en avais le pouvoir.

Un temps. Toc.

Ainsi la triste histoire une dernière fois
redite ils restèrent assis comme devenus de
pierre. Par l'unique fenêtre l'aube ne ver-
sait nul jour. De la rue nul bruit de résur-
rection. A moins qu'abîmés dans qui sait
quelles pensées ils n'y fussent insensibles.
A la lumière du jour. Au bruit de résurrec-
tion. Quelles pensées qui sait. Pensées non,
pas pensées. Abîmes de conscience. Abîmés
dans qui sait quels abîmes de conscience.
D'inconscience. Jusqu'où nul jour ne peut
atteindre. Nul bruit. Ainsi restèrent assis
comme devenus de pierre. La triste histoire
une dernière fois redite.

Un temps.

Il ne reste rien à dire.

Un temps. Il veut refermer le livre.

Toc. Livre encore mi-ouvert.

Il ne reste rien à dire.

Un temps. Il referme le livre.

Toc.

Silence. Cinq secondes.

Ensemble ils posent la main droite sur la table, lèvent la tête et se regardent. Fixement. Sans expression.

Dix secondes.

Eteindre lentement l'éclairage.

catastrophe

pour Vaclav Havel

Metteur en scène (M).

Son assistante (A).

Protagoniste (P).

Luc, éclairagiste hors scène (L).

Répétition. On met la dernière main au dernier tableau. Scène nue. A et L viennent de régler les éclairages. M vient d'arriver.

M — Dans un fauteuil à l'avant-scène côté jardin. Manteau de fourrure. Toque assortie. Age et physique indifférents.

A — Debout à ses côtés. Blouse blanche. Tête nue. Crayon sur l'oreille. Age et physique indifférents.

P — *Debout au centre de la scène sur un cube noir 40 cm de haut. Chapeau noir à larges bords. Robe de chambre noire jusqu'aux chevilles. Pieds nus. Tête basse. Mains dans les poches. Age et physique indifférents.*

M et A contemplent P. Un temps long.

A *(enfin).* Il te plaît ?
M Qu'à moitié. *(Un temps.)* Pourquoi ce piédouche ?
A Pour que l'orchestre puisse voir les pieds.

Un temps.

M Pourquoi ce chapeau ?
A Pour mieux cacher la face.

Un temps.

M Pourquoi cette robe ?
A Pour faire tout noir.

Un temps.

M Qu'est-ce qu'il a dessous ? *(A se dirige vers P.)* Dis-le.

A s'immobilise.

A Sa tenue de nuit.
M Couleur ?
A Cendre.

M sort un cigare.

M Du feu. *(A revient, lui donne du feu, s'immobilise. M fume.)* A quoi ressemble le crâne ?
A Tu l'as vu.
M J'oublie. *(A se dirige vers P.)* Dis-le.

A s'immobilise.

A Déplumé. Quelques touffes.
M Couleur ?
A Cendre.

Un temps.

M Pourquoi les mains dans les poches ?

A Pour mieux faire tout noir.

M Faut pas.

A J'inscris. *(Elle sort un calepin, décroche le crayon, inscrit.)* Mains à l'air libre.

Elle rempoche le calepin, raccroche le crayon.

M A quoi elles ressemblent ? *(Incompréhension de A. Agacé.)* Les mains, à quoi elles ressemblent.

A Tu les as vues.

M J'oublie.

A Dupuytren.

M Comment ?

A Du-puy-tren.

M Ah Dupuytren... *(Un temps.)* Ça fait griffu ? *(Un temps. Agacé.)* Je te demande si ça fait griffu.

A Si l'on veut.

M Deux griffes.

A Sauf s'il serre les poings.

M Faut pas.

A J'inscris. *(Elle sort le calepin, décroche le crayon, inscrit.)* Mains lâches.

Elle rempoche le calepin, raccroche le crayon.

M Du feu. *(A revient, lui redonne du feu, s'immobilise. M fume.)* Voyons tout ça. *(Incompréhension de A. Agacé.)* Vas-y. Débarrasse-le. *(Il consulte son chronomètre.)* Fais vite, j'ai un comité.

A va à P, enlève la robe. P se laisse faire, inerte. A recule, la robe sur le bras. P en vieux pyjama gris, tête basse, poings serrés. Ils contemplent P.

A Il te plaît mieux sans ? *(Un temps.)* Il tremble.
M Pas tellement. Chapeau.

A avance, enlève le chapeau, recule, le chapeau à la main. Un temps.

A Le sinciput te plaît ?
M Faudra blanchir.
A J'inscris. *(Elle laisse tomber robe et chapeau, sort le calepin, décroche le crayon, inscrit.)* Blanchir crâne.

Elle rempoche le calepin, raccroche le crayon.

M Les mains. *(Incompréhension de A. Agacé.)* Desserrer. Vas-y. *(A avance, desserre les poings, recule.)* Et blanchir.
A J'inscris. *(Elle sort le calepin, décroche le crayon, inscrit.)* Blanchir mains.

Elle rempoche le calepin, raccroche le crayon. Ils contemplent P.

M Qu'est-ce qui ne va pas ? *(Angoissé.)* Mais qu'est-ce qui ne va pas ?
A *(timidement)*. Et si on les... si on les... joignait ?
M Au point où nous en sommes... *(A avance, joint les mains, recule.)* Plus haut. *(A avance, remonte à mi-corps les mains jointes, recule.)* Plus haut. *(A avance, remonte à la poitrine les mains jointes.)* Stop ! *(A recule.)* C'est mieux. On arrive. Du feu.

A revient, lui redonne du feu, s'immobilise. M. fume. Ils contemplent P.

A Il tremble.
M A la bonne heure.

Un temps.

A *(timidement).* Peut-être un petit... un petit... bâillon ?
M *(outré).* Quelle idée ! Cette manie d'explicitation ! Petit bâillon ! Que des points ! Plus d'i ! Petit bâillon ! Quelle idée !
A Sûr qu'il ne dira rien ?
M Rien. Pas piper. *(Il consulte son chronomètre.)* Juste le temps. Je vais voir ça de la salle.

Il sort. On ne le verra plus. A se laisse tomber dans le fauteuil, se relève d'un bond, sort un chiffon, essuie vigoureusement siège et dossier, jette le chiffon, se rassied. Un temps.

M *(voix off, dolente).* Je ne vois pas les orteils. *(Agacé.)* Je suis assis au premier rang des fauteuils et je ne vois pas les orteils.
A *(se levant).* J'inscris. *(Elle sort le calepin,*

77

décroche le crayon, inscrit.) Rehausser piédestal.

Elle rempoche le calepin, raccroche le crayon.

M *(de même)*. On devine la face.
A J'inscris.

Elle sort le calepin, décroche le crayon, veut inscrire.

M Baisse la tête. *(Incompréhension de A. Agacé.)* Vas-y. Baisse-lui la tête. *(A rempoche le calepin, raccroche le crayon, va à P, lui penche la tête davantage, recule.)* Encore un chouïa. *(A avance, lui penche la tête davantage.)* Stop ! *(A recule.)* Parfait. *(Un temps.)* Ça manque de nudité.
A J'inscris.

Elle sort le calepin, veut décrocher le crayon.

M Mais vas-y, vas-y ! *(A rempoche le calepin, va à P, s'arrête irrésolue.)* Décolleter. *(A

78

déboutonne le haut de la veste, écarte les pans, recule.) Les jambes. Du tibia. *(A avance, remonte en la roulant jusqu'au-dessus du mollet une jambe du pantalon, recule.)* L'autre. *(Même jeu à l'autre jambe. A recule.)* Plus haut. De la rotule. *(A avance, remonte en les roulant jusqu'au-dessus du genou les deux jambes, recule.)* Et blanchir.

A J'inscris. *(Elle sort le calepin, décroche le crayon, inscrit.)* Blanchir chairs.

Elle rempoche le calepin, raccroche le crayon.

M On arrive. Luc est là ?
A *(appelant.)* Luc ! *(Un temps. Plus fort.)* Luc !
L *(voix off, lointaine).* J'arrive. *(Un temps. Plus proche.)* Qu'est-ce qui ne va pas encore ?
A *(à M).* Luc est là.
M Qu'il coupe l'ambiance. *(A relaie l'ordre en termes techniques. L'ambiance s'éteint lentement. P seul éclairé. A dans l'ombre. Rien que la tête. (A relaie l'ordre en termes*

79

*techniques. Le corps de P rentre lentement
dans le noir. Seule la tête éclairée. Un temps
long.)* C'est beau.

Un temps.

A *(timidement).* Il ne pourrait pas... relever
la tête... un instant... qu'on voie la face...
rien qu'un instant ?

M *(outré).* Quelle idée ! Qu'est-ce qu'il faut
entendre ! Relever la tête ! Où nous crois-
tu donc ? En Patagonie ? Relever la tête !
Quelle idée ! *(Un temps.)* Bon. On la tient
notre catastrophe. Refaire et je me sauve.

A *(à Luc).* Refaire et il se sauve.

*L'éclairage revient lentement sur le corps
de P, se stabilise. Un temps. L'ambiance
revient lentement.*

M. Stop ! *(L'ambiance se stabilise. Un temps.)*
Et... hop ! *(L'ambiance s'éteint lentement.
Un temps. Le corps de P rentre lentement
dans le noir. Seule la tête éclairée. Un
temps long.)* Formidable ! Il va faire un
malheur. J'entends ça d'ici.

*Un temps. Lointain tonnerre d'applaudisse-
ments. P relève la tête, fixe la salle. Les
applaudissements faiblissent, s'arrêtent. Silence.*

Un temps long.

La tête rentre lentement dans le noir.

quoi où

Bam
Bem
Bim
Bom
Voix de Bam (V)

*Aire de jeu : rectangle 3 m × 2 m, faiblement
éclairé, entouré d'ombre, décalé à droite vu
de la salle. A l'avant-scène à gauche, faiblement éclairé, entouré d'ombre, l'emplace-
ment de V.*

*Personnages aussi semblables que possible.
Même longue robe grise.
Mêmes longs cheveux gris.
V sous forme d'un petit porte-voix à hauteur
d'homme.*

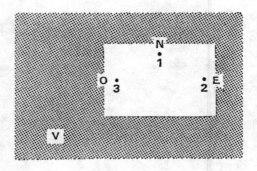

Noir
V s'allume.

V   Nous ne sommes plus que cinq.
      Au présent comme si nous y étions.
      C'est le printemps.
      Le temps passe.
      D'abord muet.
      J'allume.

L'aire s'allume.
Bam à 3 tête haute, Bom à 1 tête basse.
Un temps.

V   Ce n'est pas bon.
J'éteins.

L'aire s'éteint.

V   Je recommence.
Nous ne sommes plus que cinq.
C'est le printemps.
Le temps passe.
D'abord muet.
J'allume.

L'aire s'allume.
Bam seul à 3 tête haute.
Un temps.

V   C'est mieux.
Je suis seul.
C'est le printemps.
Le temps passe.
D'abord muet.
Enfin Bom paraît.
Reparaît.

Bom entre par N, s'arrête à 1 tête basse.
Un temps.
Bim entre par E, s'arrête à 2 tête haute.
Un temps.
Bim sort par E suivi de Bom.
Un temps.
Bim entre par E, s'arrête à 2 tête basse.
Un temps.
Bem entre par N, s'arrête à 1 tête haute.
Un temps.
Bem sort par N suivi de Bim.
Un temps.
Bem entre par N, s'arrête à 1 tête basse.
Un temps.
Bam sort par O suivi de Bem.
Un temps.
Bam entre par O, s'arrête à 3 tête basse.

Un temps.

V   C'est bon.
     J'éteins.

     L'aire s'éteint.

V   Je recommence.
Nous ne sommes plus que cinq.
Au présent comme si nous y étions.
C'est le printemps.
Le temps passe.
Cette fois parlant.
J'allume.

L'aire s'allume.
Bam seul à 3 tête haute.
Un temps.

V   C'est bon.
Je suis seul.
C'est le printemps.
Le temps passe.
Cette fois parlant.
Enfin Bom paraît.
Reparaît.

Bom entre par N, s'arrête à 1 tête basse.

Bam   Alors ?
Bom   *(tête basse toujours).* Rien.

Bam Il n'a rien dit ?
Bom Rien.
Bam Tu l'as bien travaillé ?
Bom Oui.
Bam Et il n'a rien dit ?
Bom Rien.
Bam Il a pleuré ?
Bom Oui.
Bam Crié ?
Bom Oui.
Bam Imploré grâce ?
Bom Oui.
Bam Mais n'a rien dit ?
Bom Rien.
V   Ce n'est pas bon.
      Je recommence.
Bam Alors ?
Bom Rien.
Bam Il ne l'a pas dit ?
V   C'est mieux.
Bom Non.
Bam Tu l'as bien travaillé ?
Bom Oui.
Bam Et il ne l'a pas dit ?
Bom Non.

Bam   Il a pleuré ?
Bom   Oui.
Bam   Crié ?
Bom   Oui.
Bam   Imploré grâce ?
Bom   Oui.
Bam   Mais ne l'a pas dit ?
Bom   Non.
Bam   Alors pourquoi arrêter ?
Bom   Il ne réagit plus.
Bam   Et tu ne l'as pas ranimé ?
Bom   J'ai essayé.
Bam   Et alors ?
Bom   Je n'ai pas pu.

Un temps.

Bam   Tu mens. (*Un temps.*) Il te l'a dit. (*Un temps.*) Avoue qu'il te l'a dit. (*Un temps.*) On va travailler jusqu'à ce que tu avoues.
V   C'est bon.
       Enfin Bim paraît.

Bim entre par E, s'arrête à 2 tête haute.

Bam *(à Bim)*. Tu es libre ?
Bim Oui.
Bam Emmène-le et travaille-le jusqu'à ce qu'il
     avoue.
Bim Que doit-il avouer ?
Bam Qu'il le lui a dit.
Bim C'est tout ?
Bam Oui.
V   Ce n'est pas bon.
     Je recommence.
Bam Emmène-le et travaille-le jusqu'à ce qu'il
     avoue.
Bim Que doit-il avouer ?
Bam Qu'il le lui a dit.
Bim C'est tout ?
Bam Et quoi.
V   C'est mieux.
Bim C'est tout ?
Bam Oui.
Bim Puis j'arrête ?
Bam Oui.
Bim Bon. *(A Bom.)* Viens.

Bim sort par E suivi de Bom.

V   C'est bon.
        Je suis seul.
        C'est l'été.
        Le temps passe.
        Enfin Bim paraît.
        Reparaît.

Bim entre par E, s'arrête à 2 tête basse.

Bam   Alors ?
Bim   (*tête basse toujours*). Rien.
Bam   Il ne l'a pas dit ?
Bim   Non.
Bam   Tu l'as bien travaillé ?
Bim   Oui.
Bam   Et il ne l'a pas dit ?
Bim   Non.
V   Ce n'est pas bon.
        Je recommence.
Bam   Alors ?
Bim   Rien.
Bam   Il n'a pas dit où ?
V   C'est mieux.

Bim   Où ?
V   Ah !
Bam Où.
Bim   Non.
Bam Tu l'as bien travaillé ?
Bim   Oui.
Bam Et il n'a pas dit où ?
Bim   Non.
Bam Il a pleuré ?
Bim   Oui.
Bam Crié ?
Bim   Oui.
Bam Imploré grâce ?
Bim   Oui.
Bam Mais n'a pas dit où ?
Bim   Non.
Bam Alors pourquoi arrêter ?
Bim   Il ne réagit plus.
Bam Et tu ne l'as pas ranimé ?
Bim   J'ai essayé.
Bam Et alors ?
Bim   Je n'ai pas pu.

Un temps.

Bam   Tu mens. (*Un temps.*) Il t'a dit où. (*Un temps.*) Avoue qu'il t'a dit où. (*Un temps.*) On va te travailler jusqu'à ce que tu avoues.
V   C'est bon.
      Enfin Bem paraît.

Bem entre par N, s'arrête à 1 tête haute.

Bam   (*à Bem.*) Tu es libre ?
Bem   Oui.
Bam   Emmène-le et travaille-le jusqu'à ce qu'il avoue.
Bem   Que doit-il avouer ?
Bam   Qu'il lui a dit où.
Bem   C'est tout ?
Bam   Oui.
V   Ce n'est pas bon.
      Je recommence.
Bam   Emmène-le et travaille-le jusqu'à ce qu'il avoue.
Bem   Que doit-il avouer ?
Bam   Qu'il lui a dit où.
Bem   C'est tout ?
Bam   Et où.

V   C'est mieux.
Bem C'est tout ?
Bam Oui.
Bem Puis j'arrête ?
Bam Oui.
Bem Bon. (*A Bim.*) Viens.

Bem sort par N suivi de Bim.

V   C'est bon.
      Je suis seul.
      C'est l'automne.
      Le temps passe.
      Enfin Bem paraît.
      Reparaît.

Bem entre par N, s'arrête à 1 tête basse.

Bam Alors.
Bem (*tête basse toujours*). Rien.
Bam Il n'a pas dit où ?
Bem Non.
V   Ainsi de suite.
Bam Tu mens (*Un temps.*) Il t'a dit où. (*Un temps.*) Avoue qu'il t'a dit où. (*Un temps.*)

On va te travailler jusqu'à ce que tu
avoues.

Bem Que dois-je avouer ?
Bam Qu'il t'a dit où.
Bem C'est tout ?
Bam Et où.
Bem C'est tout ?
Bam Oui.
Bem Puis on arrête ?
Bam Oui. Viens.

Bam sort par O suivi de Bem.

V   C'est bon.
     C'est l'hiver.
     Le temps passe.
     Enfin je parais.
     Reparais.

Bam entre par O, s'arrête à 3 tête basse.

V   C'est bon.
     Je suis seul.
     Au présent comme si j'y étais.
     C'est l'hiver.

97

QUOI OÙ

Sans voyage.
Le temps passe.
C'est tout.
Comprenne qui pourra.
J'éteins.

L'aire s'éteint.
Un temps.
V s'éteint.

OUVRAGES DE SAMUEL BECKETT

Romans et nouvelles

Bande et sarabande
Murphy
Watt
Premier amour
Mercier et Camier
Molloy
Malone meurt
L'innommable
Nouvelles (L'expulsé, Le calmant, La fin) et Textes pour rien
L'image
Comment c'est
Têtes-mortes (D'un ouvrage abandonné, Assez, Imagination morte imaginez, Bing, Sans)
Le dépeupleur
Pour finir encore et autres foirades (Au loin un oiseau, Se voir, Immobile, La falaise)
Compagnie
Mal vu mal dit
Cap au pire
Soubresauts

Proust
Poèmes, *suivi de* Mirlitonnades
Le monde et le pantalon, *suivi de* Peintres de l'empêchement

Théâtre, télévision et radio

Eleutheria
En attendant Godot
Fin de partie
Tous ceux qui tombent
La dernière bande, *suivi de* Cendres
Oh les beaux jours, *suivi de* Pas moi
Comédie et actes divers (Va-et-vient, Cascando, Paroles et musique, Dis Joe, Acte sans paroles I, Acte sans paroles II, Film, Souffle)
Pas, *suivi de* Quatre esquisses (Fragment de théâtre I, Fragment de théâtre II, Pochade radiophonique, Esquisse radiophonique)
Catastrophe et autres dramaticules (Cette fois, Solo, Berceuse, Impromptu d'Ohio, Quoi où)
Quad et autres pièces pour la télévision (Trio du Fantôme, ... que nuages..., Nacht und Träume), *suivi de* L'épuisé *par* Gilles Deleuze